BETINA LOBO

Tinta e Destino

NONSUCH MEDIA PTE. LTD.
SINGAPURA

ISBN: 979-8-89214-093-5

Primeira edição publicada em 2024

Autora: Betina Lobo
Editores: A. Lee, Gastão Lobo
Design de Capa: Álvaro Oliveira para Nonsuch Media Pte. Ltd.
Execução Gráfica: Álvaro Oliveira para Nonsuch Media Pte. Ltd.

info@nonsuchmedia.com | nonsuchmedia.com

Índice

LIVRE ARBÍTRIO

Livre Arbítrio

Não seja marionete, dançando aos comandos alheios,
As rédeas de tua alma, segure-as, são teus anseios.
Passado, presente, futuro – tríade de existir,
Não permita que o ontem, hoje defina e faça ir.

Na dança de fios invisíveis, não te tornes prisioneiro,
Na terra do amanhã, sê pioneiro, sê o primeiro.
As rédeas da alma, firmes nas mãos, conduzindo os anseios,
Em cada estrofe da vida, contornos novos, sem receios.

Nasce a cada aurora, liberto das sombras do passado,
Caminho iluminado, destino por ti mesmo traçado.
As cores do futuro pintadas com pinceladas de esperança,
Na tela infinita do porvir, cada dia uma nova dança.

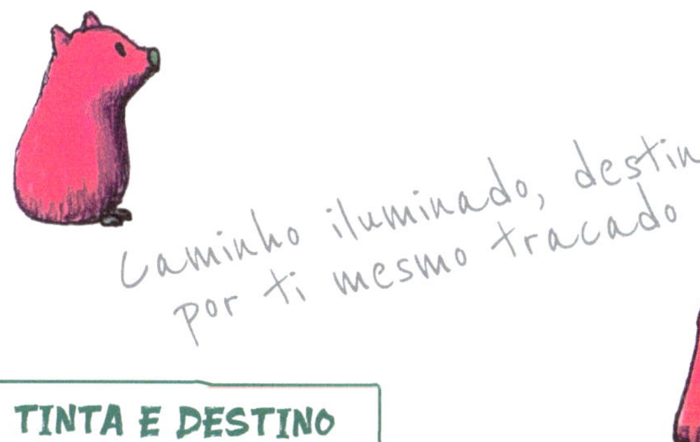

O ouro cintilante, riqueza efémera,
tentação subtil,
Mas a alma almeja estrelas,
universos a descobrir.
Entre sombras e luzes, baila a
dança da libertação,
Olhos fixos no horizonte, refúgio e
salvação.

Não deixo que o ouro cintilante controle o meu respirar,
Nem sombras do passado, o meu futuro ofuscar.
Olhos voltados ao amanhã, lá onde os sonhos moram,
Na terra fértil de esperança, onde novas vidas afloram.

Cada raio de sol, uma promessa, um novo começo,
Onde o valor não é medido, mas sentido com apreço.
Escapa das algemas douradas, vive na amplitude,
Onde a riqueza é ser, na plenitude.

Ouro e Sombras

Na terra fértil de esperança, onde
novas vidas afloram

10

Além das Correntes

As correntes de vivências, gélidas, tentam me restringir,
Mas as asas da esperança são vigorosas, prontas para expandir.
O firmamento azulado convoca-me, além das nuvens, do
passado, Cada astro é um desejo, um lampejo, um facto
consagrado.

Correntes de aço, feitas de experiências e notas,
Não têm poder para ancorar as asas devotas.
Rumo ao céu azul, onde possibilidades residem,
O meu ser se encontra, e as limitações se despedem.

As barreiras do passado, muralhas desgastadas,
Não contêm o espírito que almeja as alvoradas
Sobre mares turbulentos e terras inexploradas voas,
A liberdade é meu norte, onde a luz da alma ecoa.

O meu ser se encontra, e
as limitações se despedem.

REFLEXOS DO AMANHÃ

Não me perco no espelho das antigas dores, reflexos turvos,
O amanhã brilha com promessas, horizontes curvos.
As cicatrizes são mapas, marcando fronteiras,
Mas trilhas conduzem às montanhas verdadeiras.

No espelho da era, não me desvio em reflexão,
As marcas e cicatrizes, moldando a alma em evolução.
Para frente, sempre adiante, onde o astro rei desponta,
Há um campo ilimitado de luz, que a alma acolhe e confronta.

Nas alturas, o ar é puro, o olhar alcança o infinito,
Onde o passado é neblina, e o futuro, um rito.
Cada amanhecer, uma página em branco, um convite,
Para inscrever histórias onde o amor habite.

As cicatrizes são mapas, marcando fronteiras,
Mas trilhas conduzem às montanhas verdadeiras.

ÂNCORAS E ASAS

Âncoras do ontem, pesadas, no oceano do tempo afundam,
Mas asas de amanhã são leves, nos céus se fundem.
Em cada batida, ecos de liberdade, cantos de esperança,
Na sinfonia do futuro, a vida dança.

Âncoras do passado, pesadas, enferrujadas,
Não podem deter asas, coloridas, alçadas.
Nas correntes de ar do futuro, encontra-se a liberdade,
Uma dança elegante de sonhos, sem idade.

Céus infinitos, oceanos de estrelas, terras de luz,
O amanhã é um jardim onde a alma produz.
As flores do futuro não conhecem as algemas do
passado,
No solo fértil do porvir, cada semente é um legado.

Cada poema se desdobra, ganha espaço e respira,
Entre as linhas e versos, a liberdade inspira.

Relógios silenciados, passado adormecido,
No voo cósmico, é cometa destemido.

Relógios do passado, ciclos incessantes,
Porém, é o rio a fluir, cruzando instantes.
Horizontes infinitos, onde o sol beija a lua,
Aí reside alma nua e crua.

Relógios despedaçados, tempo linear desfeito,
Na dança cósmica, é estrela, perfeito.
Cada tique-taque, um universo em expansão,
No peito, pulsar de galáxias, canção.

Relógios silenciados, passado adormecido,
No voo cósmico, é cometa destemido.
Cada instante, um novo agrupamento estelar,
No olhar, brilham explosões estelares sem cessar.

Relógios e Horizontes

14

Jardins do passado, flores murchas, cores desvanecidas,
Mas a minha alma é terra fértil, a vida redefinida.
Cada semente do amanhã, promessa silenciosa,
No solo do meu ser, brota flor maravilhosa.

Não um jardim estático, mas uma floresta viva,
Onde cada árvore conta histórias, narrativa.
Raízes entrelaçadas, no presente, se erguendo,
Rumo ao céu, onde o futuro está se desenhando.

Não sou jardim regado pelas chuvas da memória,
Nem árvore cujos frutos se rendem ao ouro.
Sou flor que se abre ao sol do futuro,
Em terrenos férteis de esperança se fixa.

Jardins Futuros

15

Não me afogo nas águas turvas do passado,
Sou rio corajoso por mares nunca navegado.
As correntes do futuro são claras, repletas de luz,
Cada onda me conduz, e a esperança traduz.

As águas passadas não molham os meus pés,
Nem que as moedas de ouro definam o meu mês.
Sou rio que flui para os mares do futuro,
Onde as águas claras do potencial são puras.

Desaguas nos oceanos do infinito, vastidão,
Onde as estrelas refletem a minha canção.
Neste concerto aquático, sou melodia e dança,
Rio de amanhã, esperança e bonança.

As águas passadas não molham os meus pés,
Nem que as moedas de ouro definam o meu mês.

16

O sopro gelado das experiências não me congela,
Nem o peso do ouro, a minha jornada regula.

Ventos antigos sussurram canções de um tempo
esquecido,
Mas sou brisa nova, pelo futuro é que sou movida.
Carrego nas asas do vento, sonhos indomáveis,
Cada sopro é um verso, e os horizontes, alcançáveis.

O sopro gelado das experiências não me congela,
Nem o peso do ouro, a minha jornada regula.
Sou vento que cruza montanhas e vales,
Carregada de esperança, em novos ares.

Não uma brisa passageira, mas um furacão de luz,
Desmantelando as sombras, pela esperança conduz.
Na tempestade do amanhã encontra-se a
calmaria,
Onde cada ventania é poesia, alma vazia preenchia.

VENTOS DE ESPERANÇA

17

Nas noites escuras do passado, as estrelas se escondiam,
Mas no céu, mil sóis, mil luas nasciam.
Cada estrela, um mundo, universos nos olhos,
Olhar fixo no infinito, desvendando abrolhos.

Não um céu limitado, mas uma galáxia em expansão,
Onde cada constelação narra canção.
Nas galáxias do futuro, decifro a minha sina,
Celestial e divina, numa jornada peregrina.

Em cada orbe brilhante, uma história por contar,
Nos confins do espaço, mistérios a desvendar.
Por entre nebulosas e cometas na sua dança divina,
Busco nas galáxias do futuro, a luz que me ilumina.

Fogueiras do Futuro

As cinzas frias das memórias não apagam o fogo,
Nem moedas brilhantes aprisionam num jogo.
Acendo a fogueira do amanhã, flamejante, viva,
Aqueço a alma nas chamas da perspetiva.

Não deixo que o sopro do passado
apague a minha chama,
Nem permito que o medo encadeei na lama.
Alimento a fogueira do futuro, ardente,
intensa,
Ilumino o caminho com a luz da
recompensa.

Não me prendo às sombras de uma história desgastada,
Nem ao brilho efémero de uma glória desbotada.
Faço arder a fogueira do porvir, vigorosa,
incandescente,
Aqueço o coração nas brasas da esperança emergente.

19

Navegante do Amanhecer

Navio ancorado pelos pesos do passado,
Veleiro desviado pelo brilho do dourado.
Navega os mares do futuro, vastos, profundos,
Onde horizontes luminosos revelam novos mundos.

Não me prendo aos recifes de um ontem doloroso,
Nem ao canto sedutor de um presente enganoso.
Navego as ondas do amanhã, altas, imponentes,
Onde o sol nascente ilumina rotas emergentes.

Não permito que a tempestade da dúvida me afunde,
Nem que a calmaria do conformismo me confunda.
Navega os mares do futuro, bravios, desconhecidos,
Onde estrelas guiam sonhos, desejos escondidos.

Estes três elementos, de
mãos dadas a dançar,
Formam uma dança, que
não cessa de rodar

O Voo da Fénix

Não sou ave enclausurada pelas gaiolas do antigo,
Nem pelo brilho enganoso, fugaz, do inimigo.
Sou fénix renascida nas cinzas do amanhã,
Voando altaneira, sob o céu da manhã.

Não me prendo às correntes do passado lamentado,
Nem ao eco vazio de um futuro desesperado.
Sou fénix revigorada pelo fogo do presente,
Desafiando os céus, audaz e resplandecente.

Não me deixo abater pelos ventos da adversidade,
Nem pela tempestade cruel da incerteza e insegurança.
Sou fénix, erguendo-me em chamas de liberdade,
Brilhando no horizonte, símbolo de esperança e pujança.

O Voo da Fénix
O Voo da Fénix
O Voo da Fénix

TINTA E DESTINO

O Sol Nascente

A noite escura do ontem não obscurece a minha visão,
Nem o brilho efémero do ouro cega a minha missão.
Olho para o sol nascente, radiante e eterno,
Iluminando caminhos do futuro, do inferno ao externo.

O frio da solidão não congela o meu ânimo,
Nem o calor da vaidade queima o meu íntimo.
Olho para o sol nascente, ardente e constante,
Despertando sonhos adormecidos, do mais humilde ao
amante.

O silêncio do medo não sufoca a minha voz,
Nem o ruído do orgulho torna-me algoz.
Olho para o sol nascente, brilhante e persistente,
Iluminando a verdade oculta, do presente ao emergente.

Danço ao som da aurora, jovem, pulsante,
Onde cada compasso é um presente constante.

Não me deixo levar pela melodia do passado,
Nem me prendo ao eco de um tempo já desgastado.
Danço ao som da aurora, jovem, pulsante,
Onde cada compasso é um presente constante.

Não me rendo ao sussurro dos medos silenciados,
Nem me escondo atrás de sonhos já desbotados.
Danço na cadência da aurora, bela, cativante,
Onde cada giro é um futuro deslumbrante.

Não danço ao ritmo das batidas desgastadas,
Nem me movo ao som das moedas pesadas.
Dança à luz da aurora, nova, revigorante,
Onde cada passo é um amanhã vibrante.

A DANÇA DA AURORA

Escalo os picos sombrios das memórias desvanecidas,
Deixo-me seduzir pelas altitudes douradas, reprimidas.
As montanhas do futuro, majestosas, chamam-me,
Onde picos luminosos, como faróis, clamam-me.

Não me detenho nos vales sombrios de um passado triste,
Nem na miragem sedutora de um presente inexistente.
Escalo as montanhas do futuro, altivas, desafiadoras,
Onde o cume reluzente sinaliza novas auroras.

Não permito que o medo das quedas me paralise,
Nem que a comodidade do plano me hipnotize.
As montanhas do futuro, imponentes, convidam-me,
Onde os picos resplandecentes, como sonhos, incitam-me.

As montanhas do futuro,
majestosas, chamam-me,
Onde picos luminosos, como faróis,
clamam-me.

24

O RELÓGIO DO DESTINO

Não sou refém dos tique-taques de um tempo esquecido,
Nem do tilintar de moedas, o meu futuro será decidido.
O relógio do destino marca horas de renovação,
Cada tique-taque, um passo rumo à ascensão.

Não sou prisioneira de um passado já vivido,
Nem da promessa vazia de um presente perdido.
O relógio do destino ecoa ritmos de transformação,
Cada tique-taque, uma nova batida no compasso da criação.

Não sou escrava dos minutos que insistem em passar,
Nem pelo brilho efémero do agora me deixarei encantar.
O relógio do destino sussurra canções de libertação,
Cada tique-taque, uma nota na sinfonia da evolução.

TINTA E DESTINO

A melodia das dores antigas não toca a canção,
Nem notas douradas escrevem a minha composição.
A minha música é um hino ao futuro resplandecente,
Uma ode à esperança, eternamente ascendente.

Não sou regida pela triste partitura de um passado
desafinado,
Nem pela melodia vazia de um presente encantado.
A minha canção é uma prece ao futuro radiante,
Um salmo à coragem, sempre triunfante.

Não sou orquestrada pelos acordes de uma memória dolorida,
Nem pela harmonia ilusória de uma realidade perdida.
A minha melodia é um canto ao amanhã que desponta,
Uma sinfonia à vida, eternamente pronta.

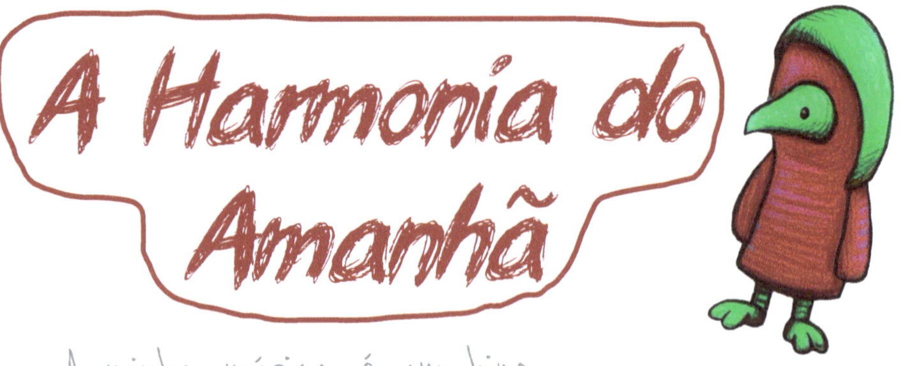

A minha música é um hino
ao futuro resplandecente, uma
ode à esperança, eternamente
ascendente.

As Pontes da Esperança

As ruínas do ontem não são os meus alicerces,
Nem a riqueza mundana traça os meus pertences.
Pontes construídas rumo ao amanhã, majestosas,
Onde esperanças dançam, graciosas e poderosas.

Não sou marcada pelas sombras de um passado deserto,
Nem pelo fulgor ilusório de um presente coberto.
Pontes erguidas em direção ao futuro, imponentes,
Onde sonhos despertam, vibrantes e resplandecentes.

Não sou definida pelos escombros de um ontem derrotado,
Nem pelo canto sedutor de um agora encantado.
Pontes traçadas para o amanhã, audazes,
Onde possibilidades florescem, livres e vorazes.

CAMPOS DO INFINITO

O terreno estéril do passado não semeie os meus dias,
Nem ouro faiscante traça as minhas vias.
  Caminho nos campos verdes do infinito por vir,
  Onde sonhos são sementes, prontos para florir.

O deserto árido da memória não irriga a minha jornada,
Nem riquezas efémeras pavimentam a minha estrada.
Passeio pelas pradarias azuis do futuro iminente,
  Onde esperanças são brotos, pulsando vigorosamente.

A terra seca do ontem não fertiliza o meu percurso,
Nem tesouros cintilantes iluminam o meu curso.
Vagueio pelos pastos dourados do porvir sem fim,
Onde possibilidades são raízes, germinando em mim.

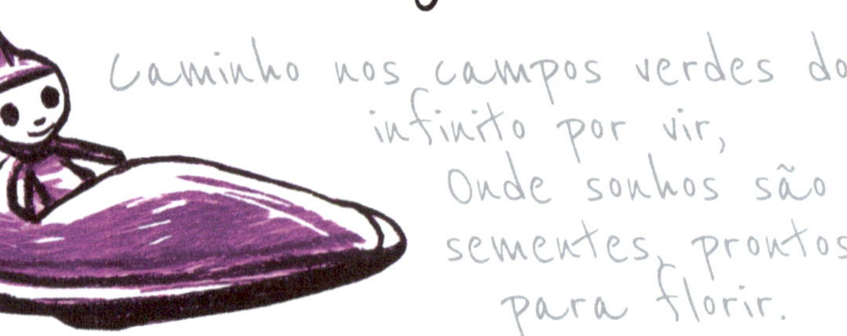

28

O ESPELHO DA ESCRITA

Na ausência das palavras, quem sou eu, senão um eco
silencioso?
Uma essência sem forma, vaga, num universo
caprichoso.
Minha pena dança, inscrevendo a minha existência,
Em cada linha, um fragmento da minha resistência.

No vazio da folha, quem sou eu, senão um sussurro
abafado?
Um pensamento sem corpo, perdido, num cosmos
desordenado.
A minha pena movimenta-se, delineando a minha
existência,
Em cada traço, uma parcela da minha persistência.

No silêncio das letras, quem sou eu, senão um murmúrio
apagado? Um sentimento sem expressão, desorientado,
num cosmo descompassado.
Minha pena dança, esboçando a minha identidade,
Em cada curva, um pedaço da minha tenacidade.

Sou atriz sem palco, voz sem canção, luz sem clarão,
Na escuridão do silêncio, procuro a minha afirmação.
Na tinta, encontro o refúgio, a definição do meu ser,
Cada palavra escrita, um universo a nascer.

Sou pintora sem tela, melodia sem tom, calor sem brasa,
Na solidão do silêncio, procuro a minha casa.
Na tinta, acho o refúgio, a expressão do meu ser,
Cada palavra esculpida, um universo em constante
renascer.

Sou escultora sem pedra, harmonia sem nota, fogo sem
faísca,
Na quietude do vazio, busco a minha pista.
Na tinta, descubro o santuário, o desenho do meu ser,
Cada palavra gravada, um universo a florescer.

30

O Teatro da Alma

Cada frase, um ato; cada parágrafo, uma cena no grande
teatro,
Sem eles, sou sombra, silhueta, um retrato.
Na poesia e prosa, o encontro do meu eu,
Uma identidade esculpida, onde o silêncio se perdeu.

No palco das letras, enceno a minha epopeia,
Uma saga de tintas, onde a minha alma vagueia.
Sem esse refúgio literário, sou estrela sem véu,
Na escrita, encontro o meu papel, a luz que me revela ao léu.

No drama das palavras, interpreto a minha história,
Uma trama de símbolos, onde a minha essência encontra glória.
Sem esse porto seguro de tinta, sou mar sem onda,
Na escrita, descubro o meu propósito, minha busca profunda.

No palco das letras, enceno a minha epopeia,
Uma saga de tintas, onde a minha alma
vagueia.

Identidade Tecida

As palavras são fios, tecendo o tecido do meu ser,
Sem eles, estou nua, tentando-me conhecer.
Cada verso é um fio, cada rima, uma trama,
Na tapeçaria da linguagem, arde a minha chama.

Na ausência das letras, sou pássaro sem voo,
Um rio estagnado, uma canção de eco rouco.
Na poesia, respiro; nas linhas, desdobro-me,
Um universo inteiro, onde o meu espírito absorvo.

As palavras são cores, pintando o quadro da minha
existência,
Sem elas, sou vazia, em busca de subsistência.
Cada estrofe é um traço, cada metáfora, uma pincelada,
Na tela da linguagem, se reflete a minha jornada.

Cada estrofe é um traço, cada
metáfora, uma pincelada,
Na tela da linguagem, se reflete a
minha jornada.

32

Na paleta das palavras, misturo cores e tonalidades,
Pintando quadros vivos, revelando identidades.
Sem o pincel da escrita, sou tela em branco, vazia,
Um universo sem cor, onde a alma se esfria.

Esculpo os meus contornos nas linhas e entrelinhas,
Cada palavra, um toque, nas vastas telas minhas.
Sem essa arte, sou escultura inacabada,
Na escrita, encontro forma, voz alçada.

Nos rios das frases, desenho reflexos e sombras,
Criando paisagens líricas, onde a minha essência se
assombra.
Sem a tinta da poesia, sou paisagem sem luz,
Na escrita, descubro o meu sol, o norte e a minha cruz.

A PINTORA DE LETRAS

TINTA E DESTINO

33

A Dança da Existência

Como dançarina sem música, muda e estática
permaneço,
Na ausência da escrita, o meu ser não reconheço.
Cada letra é um passo, cada frase, uma coreografia,
Na dança das palavras, pulsa a minha euforia.

Sem o ritmo das letras, o silêncio é minha prisão,
Uma cela onde ecoa a voz da desolação.
Na melodia escrita, sou livre, danço, existo,
Um balé de palavras, onde o ser é conquistado e visto.

Como uma bailarina sem palco, perdida e sem direção,
Sem a escrita, sou sombra, vagueando na escuridão.
Cada verso é um salto, cada rima, uma rotação,
Na dança das palavras, encontro a minha expressão.

Na tela da linguagem, se
reflete a minha jornada.

34

Sem as sementes das palavras, o meu solo é árido, vazio,
Um deserto onde a identidade se perde, frio.
Mas com cada letra plantada, brota uma flor,
No jardim da escrita, encontro o meu vigor.

Versos entrelaçam-se, como vinhas em ascensão,
Cada poema, uma estação, um ciclo, uma transição.
Sem eles, o inverno eterno, a geada cruel,
Com eles, primaveras de um eu fiel.

Como um jardineiro sem sementes, os meus sonhos são estéreis,
Sem a escrita, sou terra seca, onde as esperanças são férteis.
Cada palavra é um broto, cada linha, um rebento,
No jardim da linguagem, floresce o meu pensamento.

O JARDIM DE LETRAS

Mas com cada letra plantada, brota uma flor,
No jardim da escrita, encontro o meu vigor.

35

Como um marinheiro sem mar, assim vejo-me sem escrita,
Numa terra estrangeira, a alma limita.
Mas nas ondas das palavras, navego, sou livre,
Cada história, um oceano onde o eu deriva e vive.

Sem velas de prosa, à deriva, um barco solitário,
Na calmaria silenciosa, um cenário precário.
Nas correntezas das letras, descubro o vento,
Que enche as minhas velas, dá curso ao meu contentamento.

Como um náufrago sem ilha, perdido na imensidão,
Sem a escrita, sou maré vazia, onde ecoa a solidão.
Cada palavra é um farol, cada linha, uma bússola,
No oceano das letras, navego até minha ínsula.

O Oceano de Histórias

36

O Labirinto de Tinta

Sem o mapa das palavras, perco-me num labirinto,
Onde cada corredor é silêncio, um vazio distinto.
Mas nas linhas traçadas, encontro caminhos,
Passagens secretas onde danço sozinha.

Como uma exploradora sem terras novas, estagnada,
Na ausência da escrita, sou ilha isolada.
Mas nas páginas, continentes inexplorados,
Onde cada capítulo é um mar navegado.

Em cada palavra, um eco de passos
desconhecidos,
A tinta é o fio de Ariadne que guia os perdidos.
No labirinto da escrita, encontro a minha missão,
Cada verso é uma porta para a imaginação.

Mas nas linhas traçadas, encontro caminhos,
Passagens secretas onde danço sozinha.

Como arquiteta sem obras, vejo-me inerte,
Na falta das palavras, um horizonte deserte.
Mas nas estruturas de versos, ergo torres,
Onde o céu é o teto, e a inspiração aflora em cores.

Tijolos de poesia, fundamentos de prosa,
Construindo o castelo onde a minha essência repousa.
Sem eles, sou ruína, um monumento ao esquecimento,
Com eles, renascimento, o eterno movimento.

Em cada linha, um degrau para o infinito,
Escadas de rimas, onde o pensamento é permitido.
Com as palavras, sou mestre construtor,
Erguendo um universo onde reina o amor.

Como maestro sem orquestra, um silêncio define-me,
Sem a melodia das letras, a identidade se inclina.
Mas na partitura escrita, surge a sinfonia,
Onde o eu se anuncia e em harmonia se alinha.

Notas de sentimentos, ritmos de pensamentos,
Compondo a melodia de infinitos momentos.
Sem a música das palavras, sou eco, sombra,
Na canção escrita, ressoa a alma, ganha
forma, assombra.

Sem a tinta, sou um violino sem cordas,
Na partitura da vida, palavras são as notas.
Com elas, sou sinfonia, universo em melodia,
Na dança das letras, o eu desafia-se e cria.

A SINFONIA SILENCIOSA

VIAGEM IMAGINATIVA

Embarco em navios de papel, sob céus de tinta azul,
Onde cada palavra é estrela, universo em caracol.
A viagem é interna, pelos mares da mente,
Cada frase, um horizonte, eternamente
crescente.

Escapo entre linhas, deslizo entre palavras,
Em mundos escritos, a imaginação se laura.
Quando realidade e fantasia em versos se
fundem,
Na dança das letras, universos inteiros se
acendem.

Sob o farol da inspiração, navego e sonho,
Onde cada verso é um porto, em cada rima
me proponho.
Com a caneta como leme, traço rotas sem desvios,
Na cartografia das palavras, desenho os meus
próprios rios.

40

Os meus mapas são esboçados, traçados em poesias e rimas,
Caminhos de tinta, jardins bordados de letras sublimes.
A cada passo, brota um conto, a cada guinada, uma fábula,
Num mundo onde a fantasia é tangível, mas inesgotável.

Cidades de metáforas, oceanos de aliterações,
Florestas de rimas, desertos de exclamações.
A viagem não tem fim, é eterna, infinita,
A cada palavra escrita, uma nova rota se incita.

Na bússola do coração, encontro direção,
Cada palavra é um norte, cada linha, uma missão.
Em mares de papel, velejo sem medo ou restrição,
Na escrita encontro abrigo, e na leitura, salvação.

TINTA E DESTINO

Além das Fronteiras

Não há limites, nem fronteiras, apenas espaço
aberto,
Voo livre, em céus de papel descoberto.
Cada letra é asa, cada palavra, vento,
Transportando-me além, onde o tempo é lento.

Em cada poema, um cosmos, uma galáxia distante,
Onde ser e sonhar não são dissonantes.
A travessia é épica, sagrada, uma odisseia de luz,
Onde o escritor e sonhador em uníssono traduz.

Na imensidão da folha branca, encontro o infinito,
Cada estrofe é um planeta, cada rima, um mito.
Navegando na tinta, desbravo constelações,
Em universos de palavras, traço as minhas
explorações.

42

O Compasso da Fantasia

Na minha mão, a bússola é uma caneta incansável,
Desenhando trilhas onde o impossível é tangível.
Montanhas de mistérios, vales de encantos,
Cada parágrafo revela um universo, tantos e tantos.

Neste éden de ideias, sou viajante e criadora,
Teço realidades, sou tecelã e pintora.
Cada tela é um mundo, cada fio, uma jornada,
Na tapeçaria da imaginação, a alma é alada.

No compasso da fantasia, danço com a inspiração,
Cada passo é uma história, cada giro, uma canção.
Em palcos de papel, enceno sonhos e desejos,
No teatro das palavras, sou atriz, público e espelho.

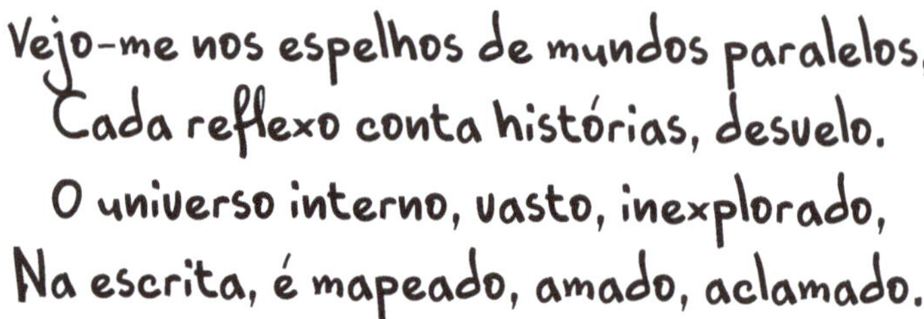

Vejo-me nos espelhos de mundos paralelos,
Cada reflexo conta histórias, desvelo.
O universo interno, vasto, inexplorado,
Na escrita, é mapeado, amado, aclamado.

Cada estrela, um conto; cada planeta, um poema,
Galáxias de narrativas formam o sistema.
A viagem continua, sem destino, sem fim,
Na arte da escrita, sou eterna, assim.

Nestes mundos de letras, ecoam os passos do ser,
A jornada imaginativa onde o eu pode florescer.
Na constelação da mente, cada pensamento é luz,
Em cada linha escrita, a essência do eu se traduz.

O Reflexo do Infinito

O universo interno, vasto, inexplorado,
Na escrita, é mapeado, amado, aclamado.

44

Danço no salão onde as palavras são melodias,
Cada passo, um verso, nas noites e nos dias.
A dança é eterna, o palco, um pergaminho,
Onde a imaginação se desenha, linha por linha, sozinha.

Rodeado por estrelas que são contos, enleado,
Cada brilho é um capítulo, infinitamente alinhado.
A magia não conhece fronteiras, nem a noite conhece o fim,
No baile das palavras, sou rainha, peregrina, enfim.

No universo da tinta, sou matemática e poeta,
Cada frase é uma equação, cada ideia, uma variável secreta.
A dança continua, o baile nunca cessa,
Na imensidão do papel, a fantasia se expressa.

O BAILE DAS PALAVRAS

Marés de Inspiração

As ondas quebram na praia da minha imaginação,
Cada maré traz novas histórias, uma nova canção.
Navego nestes mares com um compasso de tinta,
Desbravando terras desconhecidas, a alma nunca
extinta.

Cada ilha é um poema, cada oceano, um romance,
Nas marés de inspiração, eu danço num lance.
A jornada é de descobertas, cada onda, um novo ser,
Na imensidão da escrita, aprendo a renascer.

Nas profundezas do pensamento, encontro tesouros
submersos,
Cada pérola é uma ideia, cada corrente, versos dispersos.
Navegando no infinito, a inspiração é meu leme,
Na vastidão da mente, cada maré é um poema supremo.

Voo nos céus onde as nuvens são feitas de versos,
Cada forma, uma narrativa, universos diversos.
O sol pinta as manhãs com raios de poesia,
E a lua, à noite, traz contos de sabedoria.

Estrelas cadentes escrevem epopeias no firmamento,
Galáxias contam o tempo.
Nesta jornada aérea, sou pássaro, sou mito,
Nos céus literários, a imaginação é o rito.

Nas asas da fantasia, atravesso constelações,
Cada estrela, uma palavra, unidas em canções.
Voo entre cometas de metáforas e raios de prosa,
Na imensidão do céu literário, a mente repousa.

Céus Literários

47

FLORESTA DAS FÁBULAS

Caminho por trilhas onde as árvores sussurram contos,
Cada folha é uma página, cada vento, descontos.
Na floresta das fábulas, sou exploradora, sou aprendiz,
Onde cada sombra revela o que o silêncio não diz.

Rios de tinta correm, serpenteando o chão,
Narrando epopeias de amor, guerra, redenção.
Neste reino encantado, a pena é minha espada,
Na floresta das fábulas, a jornada é sagrada.

Sob a sombra das árvores, revelo mistérios escondidos,
Cada tronco é um livro, cada raiz, destinos percorridos.
A floresta murmura em versos, em sussurros tão subtis,
Na trama de contos, sou poeta, em alegrias me desfiz.

Caminho pelas areias onde cada grão é um pensamento,
No deserto dos sonhos, o tempo é um lento lamento.
Estrelas guiam os meus passos sob a lua de histórias,
Onde cada duna esconde mistérios, glórias.

Oásis de fantasia brotam, oásis de verdades escondidas,
Cada gota de água, um conto, vidas.
Neste deserto sem fim, sou viajante solitária,
Na procura de uma miragem, minha narrativa diária.

Nas dunas do imaginário, escavo sonhos antigos,
Cada vento é um sussurro, cada silêncio, amigos.
A areia desliza por entre os dedos, palavras ao vento,
No deserto dos sonhos, escrevo o tempo em cada momento.

DESERTO DOS SONHOS

Neste deserto sem fim, sou viajante
solitária,
Na procura de uma miragem, minha
narrativa diária.

49

MÁSCARAS DE MISTÉRIO

Na dança dos disfarces, olhares escondidos, secretos,
Máscaras adornadas, rostos protegidos, discretos.
Para desvendar o enigma, primeiro conhecer,
A alma que reside, tenta se esconder, se conter.

Olhos que espiam por trás das cortinas de ilusão,
Revelam um universo de mistério e contemplação.
Cada máscara, um conto; cada olhar, um universo,
Decifrar o oculto, o poeta imerso, diverso.

Na festa dos disfarces, a verdade dança ao luar,
Máscaras caem, revelando histórias, fazendo o coração pulsar.
Cada sorriso escondido, cada lágrima contida,
Na dança das máscaras, a vida é uma escrita desmedida.

A máscara oculta,
protege, mas também revela,
uma história não contada,
uma estrela singela.

50

REVELAÇÕES SILENCIOSAS

Para tocar o intocável, o segredo guardado,
É preciso entender o coração, o olhar mascarado.
A máscara oculta, protege, mas também revela,
Uma história não contada, uma estrela singela.

Por trás da fachada, onde o silêncio se enreda,
Reside uma alma, um conto, uma odisseia.
Decifrar o mistério, olhar por trás do véu,
É encontrar universos, um breu, um céu.

Na quietude das revelações, cada suspiro é uma palavra,
A máscara é apenas um disfarce, uma casca, uma lavra.
Para tocar o intangível, para ouvir a canção muda,
Deve-se escutar o silêncio, onde a verdade se estuda.

O Espelho Oculto

O espelho reflete mais que formas, mas almas, desejos,
Por trás de cada máscara, um eco, um lampejo.
Para entender o reflexo, misterioso, profundo,
É preciso se perder, no íntimo, no mundo.

Na quietude do ser, onde as máscaras caem,
Revelações surgem, verdade e mito ensaiam-se.
A descoberta não está no olhar externo, mas interno,
Onde o fogo da essência arde, eterno, fraterno.

Para entender a imagem, complexa e distorcida,
Devo mergulhar no abismo, na alma escondida.
Na quietude do espelho, onde as sombras dançam,
Revelações desdobram-se, verdades se lançam.

52

Na dança muda dos semblantes camuflados,
Segredos guardados, desejos encarcerados.

Máscaras de alegria, tristeza, paixão, indiferença,
Cada uma esconde e revela uma sentença.
Mas para ver a verdade, olhos devem penetrar,
Além do visível, onde as almas se revelam, se calam.

Na dança silenciosa de rostos dissimulados,
Histórias não contadas, sonhos naufragados.
Desmascarar é viajar ao abismo do ser,
Onde o oculto se revela, o invisível se vê.

Na dança muda dos semblantes camuflados,
Segredos guardados, desejos encarcerados.
Desvelar é mergulhar no oceano do eu,
Onde o escondido se mostra, o desconhecido se deu.

Desmascarando a Alma

Jornada ao Íntimo

A jornada ao profundo, ao abismo interior,
É onde se desvenda o artista, o autor.
As máscaras são portas para universos paralelos,
Onde o oculto dança, o revelado é um apelo.

A travessia é escura, enigmática, sagrada,
Cada passo, uma revelação, a alma desvelada.
Para conhecer o que reside atrás do disfarce,
É mergulhar no silêncio, onde o mistério se enlaça.

Cada máscara, um portal para o infinito interior,
A jornada de desvendar, profunda, um clamor.
Cada disfarce, uma chave para o cosmos interno,
A odisseia de revelar, intensa, um eterno retorno.

É mergulhar no silêncio,
onde o mistério se
enlaça.

54

Encontro das Sombras

Atrás das fachadas, nas sombras, espreitam segredos,
Cada máscara, um mistério, em silenciosos arremedos.
O olhar mergulha fundo, onde a luz teme alcançar,
E na escuridão reveladora, começa a desbravar.

Faces ocultas, trancadas, temerosas de serem vistas,
Guardiãs de histórias antigas, conquistas e derrotas.
É na noite silente da alma, no vale desconhecido,
Que o verdadeiro ser habita, solitário, escondido.

No labirinto de sombras, onde os ecos parecem zombar,
A verdade se desvenda, mostrando o que é amar.
O medo é confrontado, a coragem se faz luz,
A máscara cai, revelando a essência que seduz.

Que o verdadeiro
ser habita, solitário,
escondido.

TINTA E DESTINO

55

Despir a máscara, uma jornada audaciosa,
Por corredores de silêncio, almas misteriosas.
Cada olhar, um eco, cada gesto, uma chave,
Para destrancar o mistério que na sombra se agrave.

Na coreografia da revelação, entre luz e escuridão,
Faces ocultas desvendam a canção.
Mistérios entrelaçados, véus que caem ao chão,
Na dança do descobrimento, pulsa o coração.

Através do espelho da alma, o reflexo da verdade,
Em fragmentos de essência, desvenda-se a realidade.
Cada sorriso, uma pista, cada lágrima, um sinal,
Na tapeçaria do ser, o bordado do divinal.

Fragmentos da Essência

RESSONÂNCIA DO SILÊNCIO

As máscaras penduradas nas paredes da existência,
Ecoam narrativas, sonhos, temores, resistência.
Para ouvir, é preciso silenciar o barulho externo,
E adentrar os domínios do mistério eterno.

Ecoa na caverna do ser, um som mudo,
Onde máscaras falam, revelando tudo.
Cada uma, um fragmento de uma história não contada,
Onde o silêncio é linguagem, e a alma, calada.

Na imensidão do vazio, a verdade se faz ouvir,
Cada máscara, uma melodia a ressoar no porvir.
No silêncio profundo, onde o tempo é suspenso,
Revela-se a essência, o universo em intenso.

ENTRE O VÉU

A máscara é um véu, uma fronteira, um limiar,
Entre o conhecido e o profundo mar.
Atravessar é descobrir, é enfrentar o inexplorado,
Onde as sombras dançam e o mistério é aliado.

Por trás de cada disfarce, uma revelação aguarda,
Uma história não contada, uma canção tarda.
Na travessia do véu, entre o dia e a noite,
A essência se revela, na silente, açoite.

No entrelaçar do véu, onde a luz e a sombra se encontram,
Surge a verdadeira face, onde o medo e a coragem se
confrontam. Através do limiar, na dança do desconhecido,
Nasce a autenticidade, no silêncio, um grito inaudito.

Na travessia do véu,
entre o dia e a noite,
A essência se revela, na
silente, açoite.

58

Na dança das máscaras, onde os olhares se perdem,
Emerge a essência, onde as verdades se aprendem.
Entre os espaços silenciosos das faces disfarçadas,
Residem em abismos onde as almas são testadas.
Olhares que se cruzam, mas raramente se veem,
Na dança das sombras, onde os mistérios nascem.

Cada máscara, um abismo, um universo à parte,
Revelando e ocultando, uma arte.
Na travessia silenciosa, entre o ser e o parecer,
O poeta descobre, começa a conhecer.

Na dança das máscaras, onde os olhares se perdem,
Emerge a essência, onde as verdades se aprendem.
No abismo silencioso, onde o ser e o parecer se fundem,
O poeta se transforma, e as palavras se rendem.

Olhares do Abismo

Na vastidão do tempo, na profundidade do mar,
Encontrarás o meu coração, pronto para te amar.

Na imensidão de estrelas, te ofereço o meu céu,
Cada constelação, um segredo fiel.
Em cada suspiro da noite, na dança da lua,
Encontrarás a minha alma, nua e crua.

Caminhos entrelaçados, destinos unidos,
Em cada passo, os meus sonhos são teus abrigos.
Na sinfonia da existência, cada nota, cada som,
É um eco do meu ser, teu refúgio, teu dom.

Na vastidão do tempo, na profundidade do mar,
Encontrarás o meu coração, pronto para te amar.
Em cada onda que quebra, em cada grão de areia,
Está gravado o meu amor, tua eterna sereia.

Tudo Que Sou

TINTA E DESTINO

Na tapeçaria do destino, em cada fio tecido,
Ofereço-te o meu tudo, nada é escondido.

Nas margens do infinito, onde o tempo se aquieta,
Entrego-te os meus dias, cada amanhecer, cada
seta.
Nas marés do silêncio, nas ondas do barulho,
Encontrar-me-ás, na calma e no orgulho.

Cada palavra não dita, cada gesto revelado,
É um fragmento de mim, a ti, entregado.
No teatro da vida, cada ato, cada cena,
Sou tua, completamente, sem problema.

Na tapeçaria do destino, em cada fio tecido,
Ofereço-te o meu tudo, nada é escondido.
Nas melodias do vento, nas canções da chuva,
Estou eu, exposta, tua força, tua luva.

Entrega Completa

ENTRELAÇADOS NO INFINITO

Nos jardins silenciosos da existência, floresço,
Cada pétala, cada espinho, a ti, ofereço.
Na tapeçaria do universo, estrelas e o vazio,
Tens o meu ser completo, no frio e no estio.

Como rio que flui incessantemente ao mar,
O meu ser se desagua em ti, sem hesitar.
Na dança cósmica, onde sóis e luas giram,
Sou teu universo, onde sonhos se miram.

Nas profundezas do amor, onde as chamas se inflamam,
Ofereço-te o meu ardor e fogo, que jamais se reclamam.
No sussurro do vento, na melodia da sereia,
Sou teu refúgio fiel, tua morada, tua aldeia.

Na tapeçaria do universo, estrelas e o
vazio, Tens o meu ser completo, no frio e
no estio.

62

Nas páginas não escritas do livro do amanhã,
Encontrarás a minha história, na trama, na
lã.

No altar do tempo, onde segundos são eternos,
Ofereço a minha eternidade, infernos e invernos.
Nas páginas não escritas do livro do amanhã,
Encontrarás a minha história, na trama, na lã.

Sou tua, não apenas em carne e osso, mas em essência,
Uma entrega que transcende a própria existência.
Na vastidão cósmica, onde galáxias se escondem,
Tens tudo de mim, onde estrelas se confundem.

No espelho do destino, onde reflexos são reais,
Ofereço a minha alma, com seus sonhos e ideais.
Nas notas da sinfonia que a vida compõe,
Estou eu, em cada acorde, onde o amor se atroa.

63

TINTA E DESTINO

Presença Imortal

Na quietude do espaço, onde o silêncio é ouro,
O meu ser ressoa em ti, um eco, um tesouro.
Em cada amanhecer, no crepúsculo, na aurora,
Sou tua, na escuridão, onde a luz demora.

Tens nas tuas mãos, a chave do meu universo,
Um reino de sonhos, imortal, diverso.
Na dança das eras, onde o tempo é um rio,
Tens tudo que sou, no frio e no estio.

No palco da eternidade, onde vidas são canções,
Ofereço a minha melodia, em todas as suas variações.
Nas curvas do destino, onde a sorte é lançada,
Sou tua, no jogo da vida, onde nada é deixado ao acaso.

Na dança das eras, onde o tempo é um rio,
Tens tudo que sou, no frio e no estio.

64

No vórtice do tempo, onde as eras se entrelaçam,
O meu amor por ti, como o universo, abraça.
És o sol dos meus dias, a lua dos meus noturnos,
No teu amor, encontro refúgios eternos.

Cada batida do meu coração, uma sinfonia,
Ecoa o teu nome, melodia, dia após dia.
No infinito dançar das galáxias, estrelas a brilhar,
O meu ser é teu, sem começo, sem lugar.

No palco da existência, onde se desenrola a vida,
Ofereço-te o meu ser, sem restrições, sem medida.
Em cada sorriso teu, em cada olhar profundo,
Encontro o meu lar, o centro do meu mundo.

Amor Imortal

Obrigado!